AF542234

QUESTIONNAIRE III b

CONFÉRENCE INTERNATIONALE DU TRAVAIL

TROISIÈME SESSION

GENÈVE, AVRIL 1921

INTERDICTION DE L'EMPLOI DE LA CÉRUSE DANS LA PEINTURE

Question III (b) de l'ordre du jour

GENÈVE
BUREAU INTERNATIONAL DU TRAVAIL
MCMXX

AVIS PRÉLIMINAIRE

Lors de la préparation des précédentes Conférences Internationales du Travail les Gouvernements ont reçu des questionnaires étendus, leur demandant: d'une part, toutes informations et tous renseignements sur les questions inscrites à l'ordre du jour, et notamment la documentation la plus complète sur la législation existante, sur les projets de lois envisagés, sur les accords intervenus entre patrons et ouvriers ; et, d'autre part, leur avis sur les projets de conventions ou les recommandations qui pouvaient être envisagés.

Cette méthode présentait deux inconvénients :

1° L'étendue de l'enquête demandée était telle que la plupart des réponses arrivaient tardivement, et que ce retard rendait impossible l'élaboration d'un rapport vraiment étudié.

2° L'étude de la législation existante ou des faits dont elle procédait semblait dispenser les administrations de l'examen approfondi des problèmes posés, examen qui, seul, aurait permis au Bureau International du Travail de prévoir utilement les objections ou les difficultés que pouvait rencontrer un projet de convention.

Ces inconvénients sont apparus très nettement lors de la dernière Conférence de Gênes. De là, la nouvelle méthode adoptée, méthode que le développement du Bureau a rendue possible.

*

A) *Un service technique du Bureau International du Travail étudie le problème, réunit les documents sur la législation et les études déjà faites; le Bureau n'a plus à demander, pour chaque cas particulier, que les renseignements ou la documentation qui lui manquent.*

B) *Le Bureau établit alors un questionnaire portant uniquement sur la possibilité d'établir des projets de conventions ou de recommandations concernant la question envisagée, et sur les différentes dispositions qu'il paraîtrait nécessaire ou possible d'y introduire. Tel est le présent questionnaire.*

C) *D'après les réponses qui lui parviennent et qui lui font connaître l'avis des différents Etats, le Bureau établit un rapport d'ensemble des projets de conventions ou des textes de recommandations que la Conférence peut discuter avec précision. Pour permettre ce dernier travail, les réponses au présent questionnaire devront être arrivées au Bureau International du Travail le* 1er *mars* 1921.

Afin de faciliter la préparation du rapport d'ensemble visé dans le paragraphe C ci-dessus, il y aurait intérêt à ce que les réponses fussent, si possible, adressées au Bureau en français ou en anglais, et en plusieurs exemplaires, de même que les documents essentiels qui seront joints à ces réponses.

Dans le cas des Etats fédératifs, les réponses au présent questionnaire devront être données à la fois pour le Gouvernement central et pour les principaux Gouvernements particuliers, dans la mesure où ceux-ci peuvent légiférer sur la matière.

CONFÉRENCE INTERNATIONALE DU TRAVAIL

TROISIÈME SESSION

GENÈVE, AVRIL 1921

Question III (*b*) de l'ordre du jour

INTERDICTION DE L'EMPLOI DE LA CÉRUSE DANS LA PEINTURE

La question de la lutte contre le saturnisme a déjà fait l'objet d'une étude à la première Conférence internationale du Travail (Washington, novembre 1919), Parmi les travaux présentant pour les femmes et les enfants des dangers particuliers, la Commission des travaux insalubres de cette Conférence avait cité les opérations industrielles relatives au travail du plomb. La Conférence reconnut les dangers particuliers de l'intoxication saturnine, et adopta à l'unanimité une Recommandation concernant la protection des femmes et des enfants contre le saturnisme. Par cette Recommandation les Membres de l'Organisation internationale du Travail étaient invités à interdire aux femmes et aux jeunes gens de moins de 18 ans l'accès de certaines industries présentant de graves dangers d'intoxication saturnine.

En protégeant seulement les femmes et les enfants, la Conférence n'a pas voulu laisser entendre que, seules, ces deux catégories de travailleurs étaient exposées aux dangers du saturnisme. Le rapport de la Commission des travaux insalubres reconnaît, au contraire, que l'intoxication par le plomb « affecte les hommes, les femmes et les enfants dans l'industrie ». La Conférence n'a pas entendu non plus énumérer limitativement dans la Recommandation les catégories d'industries susceptibles de présenter un danger spécialement grave. Elle n'a, en aucune manière, réglementé le domaine de la protection contre le saturnisme de façon définitive et complète. Ceci ressort, du reste, clairement du fait suivant :

M. Bidegaray, délégué ouvrier français, présenta une motion demandant que la Commission des travaux insalubres s'occupât de l'interdiction de l'emploi de la céruse dans la peinture en bâtiment. Cette question ne figurant pas à l'ordre du jour, il ne fut pas possible de la discuter. Mais le rapporteur déclara « exprimer l'opinion générale des membres de la Commission en faisant remarquer l'importance de la question et en signalant que des mesures ont déjà été prises dans certains pays et que dans d'autres elles sont à l'étude. » La Commission exprima l'avis que cette question fût « renvoyée au Bureau international du Travail pour être inscrite à l'ordre du jour de la prochaine Conférence ».

C'est pour donner suite à cette invitation que le Conseil d'administration du Bureau international du Travail a mis la question de l'interdiction de l'emploi de la céruse dans l'industrie de la peinture à l'ordre du jour de la Conférence d'avril 1921.

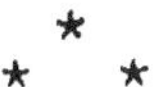

Il y a lieu d'insister sur le fait que, parmi les industries qui exposent l'ouvrier au danger saturnin, celles qui utilisent les composés du plomb sont les plus dangereuses. Ces produits agissent déjà à très faible dose. Ils pénètrent facilement dans l'organisme par toutes les voies possibles et s'y accumulent peu à peu; ils s'éliminent par contre avec une grande lenteur, en passant à travers les organes auxquels ils ont déjà fait subir des altérations assez graves (les néphrites sont particulièrement fréquentes).

Quoi qu'il en ait été dit, la manipulation des produits malaxés à l'huile facilite davantage l'intoxication par la peau.

Le danger saturnin dans l'industrie n'est certainement limité ni à la céruse, ni à la peinture. Mais, d'autre part, ce n'est que contre les effets de la céruse qu'une lutte efficace peut être entreprise. Des enquêtes et des expériences scientifiques et techniques ont, en effet, abondamment prouvé la possibilité de remplacer la céruse par des succédanés.

L'ordre du jour de la prochaine Conférence limite l'étude de la question à « l'interdiction de la céruse dans l'industrie de la peinture ». Mais il semble utile de reprendre le problème de l'intoxication saturnine dans toutes les industries qui emploient le plomb et ses composés.

On se préoccupe depuis de longues années des dangers qu'entraîne pour les peintres l'emploi de la céruse. Aussi une vive discussion est-elle engagée entre les partisans et les adversaires du remplacement du carbonate de plomb. Cette lutte aura pourtant été utile si elle a réussi à attirer l'attention des pouvoirs publics sur la triste situation faite aux cérusiers et surtout aux peintres en bâtiment, et si, grâce à elle, des mesures énergiques de protection sont prises.

Un coup d'œil sur l'énorme quantité de documents et de travaux d'ordre technique, médical, chimique et législatif, dont cette question a fait l'objet, permettra d'en mesurer la complexité. L'abondance des faits sur lesquels peut actuellement se fonder un jugement impartial permet de dire que le problème est aujourd'hui mûr au point de vue technique pour faire l'objet d'une convention internationale.

LE DANGER SATURNIN

A. — AU POINT DE VUE MÉDICAL ET SOCIAL

Le saturnisme est la maladie professionnelle type dans tous les pays et tient la première place dans la pathologie du travail.

Le danger représenté par le plomb, en général, et par la céruse en particulier, se trouve encore accru par la manière sournoise et lente dont ce poison gagne l'organisme, sans que l'ouvrier présente le moindre malaise.

Il convient de rappeler aussi que les peintres, ainsi d'ailleurs que des ouvriers de diverses industries, se servent de produits dont ils ignorent la composition et qui sont vendus dans le commerce sous les noms les plus variés. C'est ainsi que la céruse est connue sous les noms de : blanc de Venise, de Cologne, de Krems, de Hollande, du Tyrol, de Magdebourg, des lithographes, d'argent, d'ardoise, blanc perle, etc...

Il est bien difficile, au point de vue scientifique, d'admettre, avec certains rapporteurs, — qui, du reste, n'étaient pas médecins, — que « les ouvriers qui manipulent tous les jours de la céruse ne s'intoxiquent pas nécessairement ». Il est certain que la résistance varie avec les individus; tel ouvrier présente des symptômes d'intoxication après quelques jours, tel autre après quelques semaines ou quelques mois; tel autre, au contraire, seulement après quelques années. Il n'est pas question, non plus, de nier l'importance des habitudes hygiéniques du sujet, qui peuvent retarder les manifestations du saturnisme. Mais il n'est pas douteux que l'intoxication est d'autant plus rapide que le métier est plus insalubre en raison du dégagement de poussières, que le produit est plus soluble et que la quantité de poussières absorbées ou de pâte manipulée est plus considérable. Le Prof. Carlson a étudié la solubilité du sulfate et du carbonate de plomb dans le suc gastrique. Les expériences ont prouvé que la solubilité du sulfate était 9,5 0/0 contre 46,1 0/0 pour la céruse; que pour les sels purs la valeur était respectivement de 26,6 0/0 et 64 0/0.

Ni la race, ni l'âge, ni la sobriété ne mettent les ouvriers à l'abri de l'intoxication saturnine, qui se produit par les voies largement ouvertes de l'organisme, parmi lesquelles la voie digestive est sans doute la plus importante. La peau représente également une importante voie de pénétration du poison, par contact direct. Pour les voies respiratoires, leur rôle dans le processus d'intoxication est tout à fait secondaire; il est même encore très contesté.

Au cours de controverses passionnées, on a fait usage de statistiques qui, cela est indéniable, ne permettent pas d'aboutir à des conclusions identiques dans une question aussi délicate. En effet, les statistiques originales, à force d'être citées et recitées de façon plus ou moins exacte, finissent par être dénaturées et faussées et par faire du tort à une cause que l'on pouvait presque considérer comme entendue.

D'autre part, il faut avouer que certains rapporteurs, qui n'étaient pas médecins, n'ont pas toujours envisagé le problème sous son véritable jour. Il s'ensuit que leurs rapports n'ont pas toujours été élaborés avec toute la rigueur scientifique désirable.

Il aurait fallu examiner à fond les ouvriers, au lieu d'admettre simplement que « au point de vue sanitaire, leur aspect produisait une impression favorable » ou de se borner à l'envoi de questionnaires aux médecins. Au contraire, les enquêtes conduites par des spécialistes dans tous les pays ont établi d'une façon définitive que le saturnisme est la maladie professionnelle-type, et que les ouvriers peintres, en première ligne, présentent la plus forte morbidité et la plus faible résistance aux maladies infectieuses, ainsi qu'en témoignent les statistiques relatives à la mortalité par fièvre typhoïde, par exemple.

Le manque de précision dans le diagnostic des différentes formes morbides, sous lesquelles l'intoxication saturnine se dissimule, explique le peu de certitude des statistiques que l'on cite couramment à propos du danger saturnin. Seuls les chiffres fournis par les Caisses de maladie allemandes offrent un reflet exact de la situation sanitaire des peintres, surtout quand on compare les données des diverses caisses professionnelles. On trouve d'abord une augmentation considérable du nombre des affections des reins et des nerfs, des voies digestives, etc..., nombre qui dépasse largement celui des cas spécifiquement classés sous la rubrique « saturnisme ». En outre, la durée des maladies et leur fréquence chez les peintres sont bien supérieures à la moyenne, ainsi que l'indiquent les chiffres suivants (1), relatifs au fonctionnement des caisses allemandes d'assurance contre la maladie, et qui permettent de comparer les moyennes relevées pour l'ensemble des caisses (au nombre de plus de 20.000) pendant la période 1910-1912, aux moyennes correspondantes pour les peintres des villes de Breslau et de Leipzig :

1910-1912	Nombre de cas de maladie par 100 ouvriers.	Nombre moyen des jours de maladie par période de maladie.	Nombre moyen des jours de maladie par 100 ouvriers.
Ensemble de caisses .	42.5	20.0	850
Breslau (Peintres) ...	52.5	23.5	1.230
Leipzig (Peintres) ...	43.0	24.0	1.017

(1) Chiffres extraits de Klein, *Die Deutsche Arbeiterversicherung* (Berlin 1911) et des *Versicherungsboten* (Oldenburg, 1912 et 1914) et cités par le *Zentralblatt für Gewerbehygiene*, avril 1915, page 67.

**

Par conséquent, alors que la moyenne annuelle des jours de maladie par 100 ouvriers est de 850, elle atteint, dans le cas des peintres, les chiffres de 1.230 à Breslau, et de 1.017 à Leipzig. La Caisse de maladie des peintres de Berlin a signalé de 1900 à 1909, sur une moyenne de 4.637 membres, 13,82 jours de maladie par adhérent et par an, dont 2,86 0/0 de saturnisme. Mais il faut ajouter qu'en 6 années les dépenses pour les maladies non saturnines ont été de 219.192 Mk. contre 1.139.093 Mk. pour les formes saturnines.

La statistique préparée par les Caisses de maladie de Leipzig (1910) signale une proportion de 351 cas de saturnisme pour 100.000 adhérents obligatoires (770 pour les volontaires). Dans le tableau des maladies saturnines classées par profession, les peintres figurent avec le chiffre de 60,4 0/0, contre 34,8 pour les ouvriers de la porcelaine, et 43,4 pour les typographes. Les maladies, réparties en 50 catégories, intéressent en première ligne (pour 1/3) les peintres, suivis par les ouvriers des fabriques de céruse et de couleurs plombiques (20 0/0), des fonderies de plomb et de zinc, etc... Sur 100 cas de saturnisme observés dans les hôpitaux de Prusse (1904-1908), les peintres présentent la proportion la plus élevée et sont suivis à distance par les fondeurs et les cérusiers : la moyenne est en effet de 34,6 pour les peintres, contre 22,9 pour les cérusiers et 13 pour les fondeurs.

En Angleterre, les peintres en bâtiment ne sont pas compris dans la liste des professions soumises à la déclaration des maladies professionnelles. Mais comme le saturnisme chez eux est d'origine professionnelle, il a été possible aux inspecteurs de relever de nombreux cas. En dix années (1900-1909), le nombre total des cas de saturnisme chez les peintres a été de 1.973, dont 383 mortels. Au contraire le total des cas de saturnisme dans toutes les autres industries soumises à la loi s'élevait à 6.762, dont 275 mortels. La proportion de cas mortels est donc de 4,06 0/0 contre 19,41 0/0 pour les peintres.

L'emploi du sulfate de plomb au lieu de la céruse est devenu de plus en plus fréquent en Amérique où l'on avait pourtant discuté longtemps sur la toxicité des deux produits. La Compagnie Pullmann, qui a toujours eu beaucoup d'ouvriers intoxiqués par la céruse, et qui n'avait pas pris de précautions spéciales pour les protéger, a remplacé soudainement, en 1912, la céruse par le sulfate. A la même époque entrait en vigueur une loi de l'Etat d'Illinois relative à la création d'un service sanitaire et à l'installation de lavabos et de réfectoires dans les industries insalubres. Tandis qu'en 1911, parmi le personnel de la Compagnie Pullmann, il y avait chaque mois, une moyenne de 18 cas de saturnisme pour 490 ouvriers peintres, après la suppression de la céruse les cas sont tombés à 6 par mois pour 650 ouvriers et la moyenne est allée toujours en décroissant.

A côté de travaux sérieux et de recherches scientifiques présentant toutes les garanties désirables, on relève nombre d'affirmations qui étaient vraies peut-être il y a 30 ans et dont la polémique s'est emparée. Pour les besoins de la polémique on les a transformées en formules absolues, que l'on a répétées et que l'on répète partout. Il n'est pas douteux que des objections graves peuvent être formulées sur la façon dont ont été conduites certaines enquêtes, qui trop souvent ne comportaient aucune conclusion, parce qu'elles étaient trop incomplètes.

L'expérience a prouvé qu'en attirant l'attention des médecins privés ou des médecins des hôpitaux sur la question du saturnisme, les résultats statistiques des enquêtes sont bien différents et que l'on n'a pas de peine à constater des cas de maladies. Combien ont été néfastes pour une saine prophylaxie ces appréciations superficielles! Il faut bien avouer que les ouvriers répondent presque invariablement aux médecins et aux enquêteurs qu'ils ont eu la chance d'échapper à l'intoxication. Pressés de questions, ils insistent sur le fait qu'ils n'ont jamais souffert de coliques ou de paralysies saturnines, etc... Au contraire, l'examen méthodique relève les signes indélébiles de l'imprégnation plombique. Les ouvriers et nombre de médecins croient encore que les manifestations cliniques du saturnisme se bornent aux coliques et aux paralysies. Il est donc nécessaire d'insister sur ce point capital de la question, que le saturnisme ne se présente pas toujours avec des symptômes pathognomoniques et que c'est cette difficulté de diagnostic, surtout après un examen trop superficiel, qui a pu amener certains médecins à nier l'existence du saturnisme.

Le médecin doit toujours interroger l'ouvrier sur son occupation et, s'il le fait, il est rare que les premiers symptômes de l'intoxication échappent, le cas échéant, à un examen. Mais on peut, d'autre part, se demander combien de malades, soignés pour des maladies diverses, étaient en réalité des saturnins, et combien de cas de saturnisme ont échappé ainsi au diagnostic des médecins. En effet, l'ouvrier malade ne consulte le médecin qu'en présence des symptômes aigus d'une intoxication déjà avancée. Or, dans la majorité des cas, l'intoxication ne provoque en général, pendant de longues années, qu'un état d'anémie plus ou moins marqué; après quoi, le mal, jusque-là latent, se révèle brusquement sous l'action d'une circonstance extérieure. Ces ouvriers, qui bien souvent ne présentent pas le liseré, sont des saturnins, et l'examen de leur sang permet souvent de faire, même dans la période latente, le diagnostic du saturnisme.

L'alcoolisme, enfin, joue un rôle de premier plan dans la pathogénie du saturnisme. Certains auteurs ont avancé que « les ouvriers abstinents sont plus malades que les autres », mais aucun fait probant ne vient corroborer cette assertion.

La législation du travail ne doit ni ne peut s'inspirer d'un principe qui consisterait à diviser les ouvriers en ouvriers « d'élite » et « ouvriers manœuvres » ou de « passage » pour conclure qu'il n'est pas nécessaire de faire une loi pour protéger les seconds. Il ne faut pas perdre de vue que, dans bien des cas, il s'agit, d'une part, de catégories de personnes pour lesquelles des mesures spéciales de protection s'imposent et, d'autre part, de certains produits exceptionnellement nocifs. Si, grâce à l'emploi de succédanés, l'usage du produit nocif peut être interdit, alors une réglementation prohibitive est au plus haut point désirable. Tel est le cas pour l'emploi de la céruse dans la peinture.

Comme conclusion on peut dire que :

1° la science, en recherchant les rapports entre maladies et professions, constate et prouve que l'intoxication saturnine se place au premier plan des maladies sociales et qu'elle constitue un véritable fléau, que l'on doit combattre avec la plus grande énergie;

2° la lutte doit être poursuivie avec une méthode scientifique, parce que le saturnisme peut respecter, au moins en apparence, les sujets dont les voies d'élimination fonctionnent normalement et ceux qui observent une hygiène personnelle rigoureuse;

3° en vue d'une prophylaxie systématique, toute personne exposée à l'intoxication saturnine doit être considérée comme étant « en instance de saturnisme ».

B. — Prophylaxie du saturnisme

La lutte contre le saturnisme a débuté par une propagande en vue de l'éducation des intéressés (patrons et ouvriers), et l'on s'est plu à croire, ce qui était trop commode, que le nombre des intoxications avait diminué, grâce aux feuilles volantes, grâce à l'installation obligatoire de lavabos, etc... On ne saurait nier que l'éducation joue un rôle important dans la lutte contre les maladies professionnelles. On ne peut en particulier contester l'utilité de la prophylaxie, quand il s'agit d'industries où la lutte contre le saturnisme peut être bien circonscrite par une intervention énergique dans les procédés de production et par une action permanente des inspecteurs en vue d'assurer l'application intégrale des prescriptions.

Les statistiques montrent effectivement qu'une diminution des cas de saturnisme chez les typographes, les ouvriers des fabriques de minium et même les cérusiers, a été remarquée dans les ateliers permanents où une action prophylactique a été exercée. Les patrons et les directeurs de certaines usines bien organisées ont pris spontanément d'excellentes mesures d'hygiène. Ils ont donné aux ouvriers le temps et les moyens de se tenir propres; ils ont distribué des rations de lait, dans le double but de lutter contre l'alcoolisme et d'augmenter la résistance de l'organisme à l'intoxication. Mais ces mesures n'ont été appliquées qu'au travail en fabrique; elles ne sont, en effet, applicables ni aux chantiers, ni à la petite industrie où le patron-ouvrier n'a ni le souci ni les moyens d'appliquer l'hygiène individuelle même la plus modeste, et où il est facile d'échapper à toutes les mesures de répression qui, d'ailleurs, sont absolument insuffisantes dans la pratique.

Tout contrôle de mesures d'hygiène est du reste impossible pour les peintres et les ouvriers des métiers similaires dont les lieux de travail sont disséminés.

Une prophylaxie quelque peu efficace de l'intoxication saturnine dans l'industrie de la peinture ne saurait donc guère consister que dans les mesures suivantes :

1° déclaration obligatoire du saturnisme professionnel, car la connaissance précise du danger est la base indispensable de la lutte;

2° interdiction de la mise en vente de la céruse autrement qu'en pâte;

3° mise en vente, dans le commerce, de couleurs prêtes à être employées, la préparation des couleurs par les peintres eux-mêmes présentant un sérieux danger d'intoxication.

Ces mesures sont, toutefois, notoirement insuffisantes. La morbidité saturnine parmi les peintres et les ouvriers des métiers similaires prend les proportions d'un véritable fléau. Les mesures prophylactiques signalées ne pourraient être acceptées que faute de mieux, car le métier de peintre exige, à cet égard, le maximum de protection possible.

Après une longue expérience dans les Caisses de maladie de Vienne, le Dr Teleky, médecin-conseil pour les maladies professionnelles, a conclu (1913) que la très forte diminution du saturnisme parmi les ouvriers peintres de Vienne ne ressort pas de l'application des règles prophylactiques, mais seulement de l'interdiction de l'emploi des couleurs plombiques à l'intérieur des bâtiments (Ordonnance du 15 avril 1908, entrée en vigueur le 1er avril 1909).

La seule mesure réellement efficace et dont l'application puisse être contrôlée serait l'interdiction absolue de l'emploi des couleurs à base de céruse.

Cette mesure radicale ne peut toutefois être décrétée que si les couleurs à base de céruse peuvent être remplacées par des produits inoffensifs, mais d'une égale valeur au point de vue technique. Tous les experts sont aujourd'hui d'accord sur ce point : la substitution à la céruse de succédanés inoffensifs est possible. Elle est désormais pratiquée dans une large mesure, même à l'extérieur des bâtiments.

C. — Le point de vue technique

La proposition de remplacer la céruse par les blancs de zinc et les autres succédanés inoffensifs rencontre encore aujourd'hui une opposition assez vive.

Examinons les objections soulevées contre la suppression de la céruse.

La question fondamentale est de savoir si l'emploi de la céruse dans la peinture en bâtiment doit être ou non interdit par la loi. Les conclusions des enquêtes peuvent se classer comme il suit :

a) celles qui ne demandent qu'une réglementation spéciale;

b) celles qui préconisent l'interdiction pour les travaux à l'intérieur des bâtiments;

C) celles qui admettent cette interdiction tant pour l'extérieur que pour l'intérieur.

Il ne faut pas oublier que la campagne faite en faveur de l'interdiction de la céruse est avant tout d'origine française. La quantité de rapports et de documents d'ordre technique, médical, commercial et législatif, publiés en France, est énorme et la discussion entre les partisans de la liberté et ceux de l'interdiction est restée classique.

Déjà en 1808, les académiciens Fourcroy, Berthollet et Vauquelin, appelés à se prononcer sur la valeur respective de la céruse et du blanc de zinc, terminaient leur rapport en disant que « les défauts qu'on reproche au blanc de zinc sont si peu de chose auprès des inconvénients que présente l'usage de la céruse, qu'on ne peut pas raisonnablement se refuser à l'adopter, au moins pour la peinture en bâtiment... Les teintes qu'il donne sont plus pures, plus nettes, son éclat ne se ternit point; à quantité égale, il couvre plus de surface, etc. »

Les conclusions des expériences semblaient prouver que la peinture au blanc de zinc couvrait moins que la peinture à la céruse, et que le blanc de neige couvrait moins encore que le blanc de zinc. Mais, à poids égal, le blanc de zinc donne une plus grande surface de peinture que la céruse.

Une bonne peinture doit répondre aux conditions suivantes (par ordre d'importance) :

1. *Pouvoir couvrant.* — C'est la qualité qu'on reconnaît couramment à la céruse et le défaut qu'on reproche au blanc de zinc. Jusqu'en 1907-1910, on déniait en effet à celui-ci et le pouvoir couvrant et la résistance aux agents atmosphériques et l'on affirmait que si l'oxyde de zinc pouvait remplacer la céruse dans un grand nombre des cas (dans la pratique cet emploi de l'oxyde de zinc était déjà courant), la céruse ne pouvait pas être remplacée complètement par l'oxyde de zinc.

Quand on travaillait avec un produit pur, à cause de la constitution moléculaire de l'oxyde de zinc, le mélange avec l'huile donnait une peinture fluide, de sorte que, pour étendre sur une surface un moindre volume de matière solide, il fallait la diluer moins, ou donner, par exemple, trois couches de blanc de zinc pour deux couches de céruse.

A la suite de perfectionnements et d'améliorations apportées surtout dans la fabrication des oxydes de zinc, la solution du problème est aujourd'hui plus facile qu'autrefois, et on peut dire que l'objection la plus forte soulevée contre l'emploi du blanc de zinc est réduite à néant.

La mise dans le commerce de blancs de zinc plombeux constitue un nouveau progrès au point de vue technique et l'on peut dire qu'avec eux on obtient aujourd'hui des résultats tout aussi satisfaisants qu'avec la peinture à la céruse.

Les expériences faites successivement en Belgique, en Danemark, en Amérique ont montré que le blanc de zinc, contenant de 2 à 4 0/0 de sulfate basique de plomb, est plus couvrant que la céruse.

Il est aujourd'hui acquis que le zinc légèrement plombeux « tue » 2 à 4 fois plus de noir ou de bleu que la céruse et cela est dû à sa fabrication spéciale, à l'état amorphe de ses molécules, plus qu'à sa teneur plombique elle-même. C'est là une question très complexe, qui est à la fois un problème de physique et de chimie moléculaire. Nous examinerons cette question plus loin.

2. *Solidité.* — Les épreuves comparatives faites avec des blancs purs avaient permis de conclure qu'à l'intérieur ils sont bien supérieurs à la céruse et à l'extérieur aussi bons qu'elle. Pour la boiserie, ces produits sont équivalents, soit à l'intérieur, soit à l'extérieur (Milan, 1907-1908).

La céruse n'est pas supérieure aux blancs de zinc au point de vue de la résistance à l'action des variations atmosphériques, de la chaleur et surtout des émanations sulfhydriques et de certains oxydants.

Les mêmes excellents résultats ont été obtenus par la North East Painting and Oil Trade Association dans la peinture des bâtiments, des voitures, de l'intérieur des gares (Angleterre), dans les travaux exécutés par l'Admiralty depuis 1907 et surtout par l'Office of Works (Angleterre).

Ce qu'il ne faut jamais perdre de vue, c'est que, pour obtenir une bonne peinture pour l'extérieur, on ne doit pas se servir du même oxyde de zinc et des mêmes éléments qui composent une peinture à base de plomb.

Le technicien connaît désormais les dosages et les

formules pour les différentes peintures (en bâtiments, sur boiseries, sur fer, etc.), mastics, enduits, etc.

3. *Broyage avec l'huile.* — Les bons résultats obtenus avec la peinture à la céruse étaient attribués à la présence dans celle-ci de l'oxyde de plomb, qui réagirait sur les acides libres de l'huile de lin. On obtiendrait ainsi un composé homogène, stable et résistant, sans doute un oléate de plomb, dont le vernis est dur, imperméable et très résistant aux agents atmosphériques.

Les blancs de zinc, objecte-t-on, ne seraient qu'un mélange d'une matière inerte, solide (oxyde de zinc), avec une matière liquide (huile).

Tous les experts, au contraire, sont aujourd'hui d'accord pour dire que *les oxydes de zinc réagissent aussi bien sur les acides libres de l'huile de lin* et la différence de qualité comme pigment des couleurs de zinc et des couleurs de plomb est plutôt due à des différences physiques qu'à des résultats de réactions chimiques.

L'oxyde de zinc plombeux s'allie d'une façon excellente avec l'huile. Ce produit, rarement d'un blanc pur en poudre, donne cependant au broyage une plus grande blancheur. Les techniciens affirment que plus l'affinité d'une couleur avec l'huile est grande, plus grandes aussi seront sa solidité et sa résistance. De là vient que ce produit se recommande tout spécialement pour la peinture des navires.

Telle est la conclusion des principaux experts de la Paint and Varnish Society de Londres, de la Paint Manufacturers Association des Etats-Unis, de l'Institut de recherches industrielles de Washington (1912), de la Commission anglaise (1918) et de la Commission néerlandaise. Celle-ci, chargée en 1909 de faire une enquête relative à l'interdiction de la céruse, a conclu, après cinq ans d'études et d'expériences comparatives sur la céruse, les lithopones, le zinc pur et le zinc plombeux, que ce dernier est supérieur à tous les autres produits, au point de vue de la durée, du pouvoir couvrant et de l'économie, quoique l'analyse chimique ne lui ait pas été favorable.

4. *Emanations.* — La question de savoir si les peintures fraîches à base de céruse émettent des émanations plombiques, pouvant provoquer une absorption de plomb par les voies respiratoires, n'est pas résolue par l'affirmative, comme l'avait déjà dit Berthelot.

Les recherches de Baly et d'autres savants anglais n'ont pas relevé la présence de plomb, mais démontré, au contraire, celle d'un produit oxydé de l'huile de lin (aldéhydes non saturés).

Il n'en est pas de même pour les peintures au blanc de zinc. On accusait ce produit d'être responsable d'empoisonnements arsenicaux, constatés parmi les employés occupant des locaux à peine vernis au blanc de zinc : mais cette accusation a été démentie, car il a été démontré qu'il s'agissait d'une arsénophobie collective (Suède).

5. *Siccativité.* — La céruse possède, en fait, un pouvoir siccatif intense, supérieur à celui des blancs de zinc. Mais il suffit d'ajouter à ceux-ci une très légère dose (1 à 3 0/0) d'un produit siccatif, pour avoir une peinture aussi bonne que celle de la céruse (expériences de l'Annexe de l'Institut Pasteur).

Les blancs plombeux ont donc des propriétés siccatives supérieures et donnent une pellicule de peinture moins « craquelante » que la céruse.

6. *Emploi.* — Une critique généralement adressée au blanc de zinc est fondée sur la difficulté que présente son emploi dans la pratique. En vérité, il n'y a aucune difficulté particulière; seulement chaque ouvrier peintre a ses procédés et n'aime pas modifier sa manière

de travailler et s'habituer au tour de main nouveau demandé par la peinture au blanc de zinc, tour de main qui s'acquiert d'ailleurs rapidement.

7. *Teintes.* — Il était déjà reconnu, même par les adversaires, que le blanc de zinc donnait des tons d'une blancheur et d'une fraîcheur inaltérables ; ce qui constitue, pour la décoration intérieure, un avantage sérieux sur la peinture à la céruse, sujette à jaunir, surtout lorsqu'elle n'est pas exposée à la lumière. (Voir les résultats obtenus par un entrepreneur néerlandais qui, après avoir peint l'intérieur de sa maison au blanc de zinc, a constaté, après neuf ans, que la peinture était encore en excellent état. Rapport anglais, 1918). La peinture au blanc de zinc acquiert une dureté très grande, peut être facilement polie, ne se sulfure pas sous l'influence d'émanations et résiste à l'influence du gaz d'éclairage.

8. *Economie.* — Les expériences prouvent que le blanc de zinc est déjà supérieur pour les travaux à l'intérieur comme teinte et pouvoir couvrant (France, Suisse, Italie, Pays-Bas) et qu'il est préférable aussi pour les travaux à l'extérieur sur boiserie et sur fer (Milan). Les blancs de zinc plombeux permettaient en outre de réaliser, avant la guerre, une économie de 15 0/0 sur la peinture à la céruse. Au cours de l'enquête faite en 1918 en Angleterre, l'économie réalisée aurait, d'après les témoins atteint une proportion de 10 0/0. De toutes façons, il est bien probable qu'une plus forte demande en fera baisser le prix.

Le blanc de zinc plombeux

Les oxydes de zinc s'obtiennent industriellement par des procédés différents, mais surtout par le procédé direct (traitement du minerai) ou le procédé indirect (traitement du métal). La préparation du blanc de zinc par la méthode directe n'élimine pas les impuretés, comme peuvent le faire les autres méthodes et surtout la méthode indirecte, qui donne un produit chimiquement pur. Mais cet avantage n'a pas de valeur au point de vue technique. Au contraire, le blanc obtenu par la méthode directe est bien supérieur quant à la fraîcheur de la teinte, à la facilité avec laquelle on peut l'étendre au pinceau, à son pouvoir couvrant, à son affinité avec l'huile de lin et à ses excellentes qualités d'adhérence.

Jadis on acceptait une impureté de 1 0/0; aujourd'hui les connaissances chimiques permettent de porter la tolérance à 4 0/0, en améliorant davantage le pigment, et de réaliser ainsi une économie d'environ 15 0/0.

Il importe de souligner le fait que le maximum de 4 0/0 ne peut d'autre part être dépassé pour des raisons techniques. Si le plomb se trouve combiné avec l'oxyde de zinc en proportion supérieure, le noircissement qu'on observe augmente dans une proportion supérieure au pourcentage du plomb : on constate également une augmentation de l'opacité, due à l'action de l'essence de térébenthine.

Le produit dont il s'agit est un oxyde de zinc contenant une légère proportion de sulfate basique de plomb, qui n'est pas *précipitée* ou *mélangée mécaniquement* avec le blanc de zinc. Pendant la sublimation du minerai, dans le four même, on obtient simultanément l'oxyde de zinc avec le sulfate, de sorte que chaque molécule d'oxyde de zinc est pour ainsi dire imprégnée d'une petite quantité de sel de plomb.

Disons tout de suite qu'il ne saurait être question de supprimer la céruse pour adopter à sa place un produit qui, contenant du plomb, «ne serait pas aussi inoffensif qu'on veut bien le dire. »

Mais la petite quantité de sulfate basique de plomb ne peut, étant donné l'état sous lequel cet élément se trouve, avoir des effets nocifs. Cela est prouvé par les enquêtes périodiques du Service de l'inspection médicale du travail du gouvernement néerlandais, dont il convient d'apprécier la sévérité en cette matière, et cela quoique les conditions hygiéniques des fabriques ne soient pas tout à fait satisfaisantes.

Les expériences faites, depuis 1907, dans les ateliers de peinture des Chemins de fer de l'Etat belge, tant à l'extérieur qu'à l'intérieur, pour un matériel particulièrement exposé aux intempéries et fumées de toute sorte, ont conduit à la même conclusion.

Il est vrai que nombre de peintres ajoutent aux blancs de zinc de la céruse dans une proportion de 2 à 5 0/0. Mais il est très important de rappeler qu'on n'obtient pas, en mélangeant mécaniquement 2 à 4 0/0 de carbonate de plomb au blanc de zinc pur, les mêmes résultats qu'avec des blancs de zinc plombeux. Pour avoir cet état moléculaire, il est essentiel que l'oxyde de zinc soit produit dans une atmosphère où le plomb se trouve présent et où chaque particule d'oxyde de zinc est intimement liée à une proportion infinitésimale de sel de plomb. D'où une modification sensible de l'état physique microcristallin, qu'il est plus aisé d'obtenir pendant l'oxydation en présence des sels de plomb, qu'en leur absence.

L'expérience pratique. — Nous avons déjà fait ressortir l'importance des résultats qu'on peut obtenir avec les blancs de zinc et surtout avec le blanc plombeux, même dans la peinture à l'extérieur.

A la suite d'expériences faites en général sur des blancs de zinc très purs (99.07 de pureté) et en raison des résultats favorables obtenus avec les succédanés de la céruse, comme aussi de la haute importance de la question au point de vue hygiénique, les enquêtes entreprises en France, en Belgique, en Italie, en Angleterre, etc., concluaient à l'interdiction de l'emploi de la céruse à l'intérieur. En Italie (1910), on avait relevé que l'emploi de la céruse prédominait dans l'Italie du Nord, tandis que au delà de Florence, pour des raisons économiques et techniques, on se servait, depuis de longues années, avec succès, des blancs de zinc pour la peinture des bâtiments, des ponts et des voitures.

La même enquête a prouvé encore que beaucoup d'entrepreneurs (20 sur 50 interrogés) se servaient avec succès des blancs de zinc « pour ne pas finir comme leur père ». Les autres déclaraient qu'ils préféraient travailler « à l'ancienne mode », en avouant que la mauvaise réussite des travaux faits au blanc de zinc pour les administrations publiques s'expliquait fort bien par le fait que le prix au mètre carré, fixé dans le cahier des charges était trop bas et que, par conséquent, le travail ne pouvait pas être exécuté comme il aurait dû l'être.

L'enquête de l'Office des statistiques du Ministère du Travail d'Autriche, celle des Chambres de commerce de l'Autriche méridionale, ainsi que l'avis de nombreux experts, ont été favorables à l'interdiction de la céruse à l'intérieur. Pour l'extérieur, les enquêtes et les expertises ont abouti aussi à la conclusion que le remplacement de la céruse par des succédanés est possible (sauf celle de la ville de Vienne). On a dit, avec raison, que même si les avantages techniques de l'emploi des succédanés n'étaient pas tels que la pratique et les expériences l'ont prouvé, la résistance aux intempéries pourrait être facilement augmentée par une couche de vernis. Et une couche de vernis de plus, a dit le Dr TELEKY, vaut mieux que beaucoup de cas de saturnisme.

Les expériences d'une durée de trois ans, poursuivies par l'American Paint Manufacturers Association U. S. à Atlantic City et dans le Dakota Nord, ont confirmé la supériorité des résultats obtenus avec le blanc de zinc plombeux par rapport aux résultats obtenus avec le blanc de zinc. Depuis dix années environ les Chemins de fer de l'Etat italien se servent aussi de ces blancs de zinc plombeux spéciaux.

Il convient de noter que les cahiers des charges des administrations publiques en France (1), en Belgique, en Suisse, en Suède, aux Pays-Bas, etc., en prescrivant, sous la pression des organisations des peintres qui demandaient l'interdiction de la céruse, l'emploi exclusif de l'oxyde de zinc, ont tous élevé la tolérance des sels de plomb de 1 à 4 0/0.

Enfin en Suède, quoique l'emploi de la céruse ne soit pas réglementé et quoiqu'il n'existe pas de fabriques de céruse ou de blanc de zinc, les peintres préfèrent celui-ci depuis longtemps. En effet la consommation des blancs de zinc a passé en six ans de 3.022 tonnes à 4.244, et celle de la céruse a baissé de 511 tonnes à 501.

Autres succédanés de la céruse

a) Parmi les succédanés de la céruse, il convient de citer, après les blancs de zinc, les *lithopones*, qui, depuis près de cinquante ans, grâce aux progrès techniques réalisés, notamment en France, en Allemagne et en Angleterre, se classent en bon rang parmi les couleurs employées surtout pour la peinture à l'intérieur. Il s'agit, comme on le sait, d'un composé de sulfure de zinc et de sulfate de baryte précipité dans la proportion de 29 à 30 0/0 du premier et 70 à 71 0/0 du second, sans qu'on constate soit la moindre trace de baryte naturelle, soit une impureté quelconque. Ces succédanés sont inoffensifs et répondent à tous les desiderata au point de vue technique (fraîcheur, blancheur de la

(1) En 1911, le Ministère de la Guerre a élevé la tolérance de plomb de 2 à 3 0/0.

teinte, pouvoir couvrant, supérieur à celui de la céruse, et solidité, quand il s'agit de produits parfaits dont l'origine est garantie. Etant donné leur manipulation très délicate, si l'on veut obtenir de bons résultats, ils ne sont pas très indiqués pour l'extérieur.

b) Depuis des années en Angleterre, on fabrique, en quantités toujours croissantes, de merveilleuses *couleurs à l'eau* (« water paint »), destinées surtout à l'intérieur; cependant les résultats que l'on obtient ne peuvent être atteints qu'à la condition d'employer comme matière première un lithopone irréprochable, fabriqué spécialement en vue de cet usage.

c) L'industrie a mis aussi dans le commerce des produits à base de *sulfure de zinc,* qui demandent une préparation tout à fait spéciale, et d'autres produits qui, pour le moment, ne nous intéressent pas. Tous ces produits ont naturellement leurs partisans et leurs adversaires.

Conclusions

L'on est d'accord que tous les moyens sont bons pour communiquer aux intéressés l'intime conviction qu'ils peuvent eux-mêmes faire beaucoup pour sauvegarder leur santé. Mais, s'il est possible d'atténuer le danger saturnin dans une assez grande mesure par l'initiative des intéressés et des représentants de l'autorité locale, une réglementation de l'emploi de la céruse ne peut être efficace qu'avec le concours volontaire de tous. Malheureusement l'application d'une prophylaxie sérieuse du saturnisme est particulièrement difficile dans l'industrie où le besoin d'une solution énergique se fait le plus sentir, dans la peinture en bâtiment. La meilleure réglementation ne vaut que par la façon dont elle est appliquée. Ces simples mesures de précaution ne peuvent pas être appliquées, sur des chantiers dispersés, avec une rigueur suffisante pour garantir l'efficacité d'une loi.

C'est du reste surtout au point de vue pratique que l'on doit se placer pour envisager la réglementation très détaillée que propose la minorité d'adversaires de l'interdiction absolue de l'emploi de la céruse dans la peinture. Ils demandent, par exemple, pour certains travaux spécialement dangereux, comme le ponçage et le grattage, la diminution des heures de travail, l'exclusion des apprentis, l'emploi des masques respiratoires, etc... Mais ces propositions ne semblent guère susceptibles de recevoir une application pratique effective.

Il faut interdire tout emploi de la céruse dans la peinture ou ne rien interdire. Si la peinture à la céruse est dangereuse, on ne peut pas se borner à interdire d'abord une partie des travaux en question et dans deux ou trois ans seulement l'autre partie. Il n'est pas pratique non plus de distinguer les « travaux intérieurs » et les « travaux extérieurs ». C'est là une distinction spécieuse. Comment définir exactement ce qui est intérieur et ce qui est extérieur? Il y a des travaux intermédiaires. Et pourquoi la céruse serait-elle dangereuse pour le peintre qui travaille à l'intérieur et pas pour celui qui travaille à l'extérieur?

Si, selon les minorités des Commissions d'enquête, les dépositions recueillies n'indiquent pas la nécessité absolue de substituer dans les travaux de peinture à *l'extérieur* le blanc de zinc à la céruse, les majorités au contraire dans les différents pays, pensent que, même en ne faisant pas état des expériences favorables, des résultats techniques obtenus soit par des peintres en bâtiments, soit par les ingénieurs des ponts et chaussées ou du service maritime, par les ateliers de construction de l'Etat (Belgique, Italie, etc...) et de l'opinion favorable d'un grand nombre d'entrepreneurs et d'ouvriers, le seul souci de la santé et de l'hygiène des travailleurs constitue un argument suffisant pour demander l'interdiction absolue de l'usage de la céruse dans les travaux de peinture en bâtiment. L'industrie des succédanés de la céruse et leur application à la peinture ont du reste fait de tels progrès que l'on peut envisager sans crainte l'éventualité de cette interdiction. Les nombreuses et minutieuses recherches poursuivies depuis de longues années dans les différents pays, permettent de conclure que l'oxyde de zinc, convenablement traité, peut fort bien donner naissance à un composé présentant toutes les qualités de la céruse au point de vue du pouvoir couvrant, de la siccativité et de la résistance. En outre, il est certain qu'un accroissement de la demande pousserait les industriels à améliorer encore le blanc de zinc actuel ou même à cher-

cher de meilleurs produits. Des soins et une attention intelligente permettront à ce produit d'assurer des résultats aussi bons que ceux que l'on obtient en se servant de la meilleure céruse.

Il faut remarquer, du reste, que le législateur ne fera que restreindre l'emploi de la céruse. Elle pourra toujours être utilisée en dehors des travaux de peinture, moyennant certaines précautions à déterminer.

L'interdiction de la céruse dans la peinture devra toutefois être accompagnée de dispositions transitoires ménageant dans une certaine mesure les intérêts des industriels. Il sera bon, notamment, d'accorder un délai pendant lequel les industriels auront toute possibilité de transformer leur outillage.

En France, à l'occasion de l'interdiction de l'emploi de la céruse, s'était posée la question de l'indemnité à accorder éventuellement aux exploitants des céruseries. Mais le Sénat, qui avait d'abord introduit dans la loi une disposition comportant l'attribution d'indemnités, y a finalement renoncé. A ce propos il convient de rappeler qu'il n'est pas ici question d'expropriation et que dès lors il ne peut pas non plus être question d'indemnité. On peut dire d'ailleurs maintenant que la législation a partout adopté le principe que les mesures limitant la liberté industrielle en vue de protéger la vie ou la santé des travailleurs ne peuvent donner lieu à aucune indemnité (interdiction de l'emploi du phosphore, etc...). La protection de la santé humaine prime toute autre considération. Accorder une indemnité, serait en tous cas créer un précédent très dangereux.

QUESTIONNAIRE

1° Puisque il n'est plus question aujourd'hui d'impossibilité technique à remplacer la céruse dans l'industrie de la peinture, êtes-vous d'avis qu'il y a lieu de soumettre à la Conférence un projet de Convention sur l'interdiction de l'emploi de la céruse dans la peinture ?

2° Dans l'affirmative, êtes-vous d'avis qu'il y a lieu de prévoir un délai pour l'application de cette mesure ? Prière d'indiquer, éventuellement, le délai que vous croyez nécessaire et les raisons pour lesquelles un tel délai vous paraît nécessaire.

3° Quelles sont les mesures de contrôle que vous proposez éventuellement pour l'application de cette interdiction ?

4° Si votre Gouvernement n'est pas d'avis d'approuver un projet de Convention interdisant l'emploi de la céruse dans la peinture, quelles sont les mesures que vous proposez pour lutter contre les dangers de la fabrication et de l'emploi de la céruse ?

N. B. — *Afin de faciliter l'établissement du travail préparatoire pour la conférence de* 1921, *prière d'indiquer :*

Quelles sont les mesures législatives ou autres actuellement en vigueur dans votre pays et qui ont pour objet de diminuer ou de supprimer, dans la peinture en bâtiment, les risques d'intoxication par la céruse?

Prière d'adresser, en outre, pour votre pays, toutes données statistiques disponibles sur les points suivants, par année si possible, depuis 1910 :

A. — 1° *Nombre des ouvriers peintres en bâtiment;*

2° *Nombre des cas de saturnisme constatés chez ces ouvriers, classés si possible suivant les formes morbides : coliques, paralysies, néphrites.*

B. — 1° *Personnel occupé dans les établissements de l'industrie du plomb et de celle du zinc;*

2° *Production du plomb et du zinc;*

Suivant le tableau ci-dessous :

INDUSTRIES	Nombre d'établissements	Nombre d'ouvriers occupés — Enfants au-dessous de 15 ans	Nombre d'ouvriers occupés — Enfants entre 15 et 18 ans	Femmes.	Hommes.	Quantités produites en tonnes	Quantités importées en tonnes.	Quantités exportées en tonnes.
A *Plomb.*								
a) Traitement du minerai de plomb.								
b) Métallurgie du plomb								
c) Céruseries.								
d) Fabrication des vernis, etc., à base de plomb.								
B *Zinc.*								
a) Traitement du minerai de zinc.								
b) Métallurgie du zinc.								
c) Fabrication du blanc de zinc.								
d) Fabrication des vernis, etc., à base de blanc de zinc.								
e) Fabrication des lithopones.								
f) Fabrication du sulfate de zinc.								
g) Fabrication d'autres succédanés de la céruse.								

SOCIÉTÉ MODERNE D'IMPRESSIONS
35, Rue Mazarine, Paris (6e)

www.ingramcontent.com/pod-product-compliance
Lightning Source LLC
LaVergne TN
LVHW010009230826
846092LV00002B/730

* 9 7 8 2 3 2 9 6 5 5 9 1 8 *